Burcu Küpelioğlu
Tankut Acarman
Bernard Levrat

Resolução de metonímia através do reconhecimento de entidades nomeadas

Burcu Küpelioğlu
Tankut Acarman
Bernard Levrat

Resolução de metonímia através do reconhecimento de entidades nomeadas

ScienciaScripts

Publisher:
Sciencia Scripts
is a trademark of
Dodo Books Indian Ocean Ltd. and OmniScriptum S.R.L publishing group

120 High Road, East Finchley, London, N2 9ED, United Kingdom
Str. Armeneasca 28/1, office 1, Chisinau MD-2012, Republic of Moldova, Europe
Printed at: see last page
ISBN: 978-620-8-11386-5

AGRADECIMENTOS

O objetivo deste trabalho é o reconhecimento e tratamento de metonímias, tendo em conta o Reconhecimento de Entidades Nomeadas.

A razão que me levou a realizar este estudo foi a minha escolha de especialidade. Gostaria de continuar a minha investigação académica nesta área, o processamento de linguagem natural.

Gostaria de agradecer a Bernard LEVRAT por me ter aceite como estudante e por se ter esforçado por me formar.

Gostaria de agradecer a Tankut ACARMAN por ter sido o meu supervisor e por me ter orientado durante o processo de finalização.

Gostaria de agradecer à minha família e aos meus amigos pelo seu apoio em todas as circunstâncias.

julho, 2016
H.Burcu KUPELiOGLU

RESUMO

A Internet e os computadores tornaram-se cada vez mais importantes na vida das pessoas. Em particular, a Web 2.0, que permite aos utilizadores não só ler mas também alterar o conteúdo, levou as pessoas a mudar os seus hábitos de descoberta. Atualmente, as pessoas utilizam a Internet em vez de enciclopédias e livros. Este crescimento inegável da digitalização pôs em evidência a importância do tratamento automático dos dados. O processamento automático de conteúdos significa que os dados não estruturados são transformados em dados estruturados. Por dados não estruturados, entendemos a linguagem humana - dados em linguagem natural. Este processamento é necessário para que os computadores possam compreender o conteúdo da linguagem natural. O Processamento de Linguagem Natural (PNL) é a disciplina subjacente a este processo. A PNL é uma subcategoria da inteligência artificial e da linguística computacional.

O Reconhecimento de Entidades Nomeadas (NER) e a Desambiguação do Sentido da Palavra (WSD) são duas das tarefas mais importantes da PNL. O NER é o processo de classificação e extração de palavras que são consideradas significativas num texto. Estas palavras significativas podem variar consoante o domínio. Estas entidades podem ser, por exemplo, percentagens, datas, nomes de pessoas, locais, empresas, etc. O WSD é um problema em aberto no domínio da PNL. Consiste em identificar o significado de uma palavra numa frase quando esta tem vários significados. O WSD tenta identificar expressões literais de uma palavra, mas não expressões figurativas. O Processamento de Linguagem Figurativa é um estudo semelhante e um subconjunto do WSD. O Processamento de Linguagem Figurativa centra-se na identificação de expressões figurativas que não sejam expressões literais.

O nosso projeto baseia-se no reconhecimento e na resolução da metonímia através do reconhecimento de entidades nomeadas. A metonímia é uma figura de estilo que consiste na utilização de um termo b para um termo a sem intenção de fazer uma analogia. Os métodos existentes de resolução de metonímias baseiam-se em métodos supervisionados e não supervisionados, bem como em abordagens estatísticas. As abordagens mais utilizadas são a deteção de violações de restrições de seleção (SRV) e de desvios das regras gramaticais. Consideramos que o nosso projeto tem três partes. A primeira parte é o pré-processamento do texto fornecido.
O pré-processamento é necessário para o processamento posterior. O pré-processamento consiste na lematização, na etiquetagem da parte do discurso, na etiquetagem NER, na etiquetagem de dependências e no tratamento WSD. A segunda parte é o reconhecimento de metonímias, ou seja, o reconhecimento de possíveis metonímias. A deteção de metonímias é efectuada através dos SRVs das entidades nomeadas. É efectuada por um algoritmo baseado em regras. A última e terceira parte é a resolução de metonímias, que consiste em determinar a relação metonímica.

Palavras-Chave : METONÍMIA, UNIDADE NOMEADA, CORENLP DE STANFORD,

WORD- NET

LISTA DE ABREVIATURAS

BNC	British National Corpus
NEBMR	Named Entity Based Metonymy Resolution
NER	Named Entity Recognition
NLP	Natural Language Processing
PM	Possible Metonymy
SRV	Selectional Restriction Violation
WSD	Word Sense Disambiguation

CAPÍTULO 1 INTRODUÇÃO

Nas últimas duas décadas, a Internet transformou-se numa grande coleção de dados. Como uma parte significativa destes dados não está estruturada - dados de texto em linguagem humana - o processamento automático desta informação é de grande importância.

O processamento da linguagem natural (PNL) é uma área da linguística computacional e da inteligência artificial que procura compreender e trabalhar com a linguagem humana. Os investigadores têm vindo a trabalhar nesta disciplina desde a segunda metade do século XX. Envolve a conversão de dados não estruturados em dados estruturados e a gestão das interações entre os computadores e as línguas naturais. O reconhecimento de entidades nomeadas (NER) e o processamento de linguagem figurativa são duas das principais tarefas da PNL. Nesta tese, centramo-nos na resolução de metonímias utilizando ferramentas NER.

A metonímia é uma figura de estilo em que um termo é substituído por outro, logicamente relacionado (Wilks, 1978). A metonímia refere-se a uma relação existente entre dois conceitos, por exemplo, entre um artista e a sua obra de arte ou entre um fabricante e os seus produtos. A metonímia encontra-se frequentemente no discurso quotidiano, mas também na literatura, por exemplo, na poesia.

Mesmo para os seres humanos, a metonímia é muitas vezes difícil de compreender. Para os computadores, a tarefa é ainda mais difícil. Ao longo dos anos, têm sido utilizadas diferentes abordagens. Existem métodos supervisionados e não supervisionados, abordagens baseadas no conhecimento e abordagens estatísticas. As violações de restrições selectivas (SRV) e a utilização incorrecta de regras gramaticais são pistas normalmente utilizadas para a resolução de metonímias (Roberts e Harabagiu, 2011). Estas abordagens são explicadas em mais pormenor na secção 2.1.

No nosso trabalho, centrar-nos-emos na resolução da metonímia através de entidades nomeadas. O reconhecimento de entidades nomeadas é efectuado por ferramentas de reconhecimento de entidades nomeadas. Utilizamos a tarefa 8 do SemEval 2007 (Markert e Nissim, 2007) como teste e dados-chave anotados para a resolução de metonímias. Utilizamos o conjunto de ferramentas Stanford CoreNLP (Manning et al., 2014) para processar estes dados. Utilizamos o WordNet (Miller et al., 1990) como tesauro para as nossas regras semânticas.

A base do nosso trabalho de resolução de metonímias depende dos anotadores POS, NER e de marcação de dependências, que são utilizados para processar as frases e depois interpretar as dependências da entidade nomeada como metonímica. Chamamos a isto metonímia potencial, PM. Para a interpretar, é necessário identificar o significado das dependências PM na frase. Esta é uma das principais tarefas do nosso método. Para cumprir esta tarefa, utilizamos os ficheiros lexicográficos do WordNet para substantivos e verbos.

Este documento está organizado da seguinte forma: Na secção seguinte (Secção 2), apresentamos a tarefa de resolução de metonímias, as abordagens anteriores e os tipos de metonímia que nos interessam no contexto deste documento. A secção 3 descreve em pormenor o nosso algoritmo e as regras, bem como as ferramentas e o tesauro que utilizamos. Em seguida (Secção 4), descrevemos o corpus SemEval 2007 Task 8 que utilizámos. A Secção 6 contém os nossos resultados e a análise dos resultados da aplicação do nosso algoritmo ao corpus SemEval. Finalmente (Secção 6), fazemos um balanço do nosso trabalho, das nossas contribuições e limitações, e discutimos possíveis melhorias.

Nota: Todos os exemplos apresentados neste documento são extractos da Tarefa 8 do SemEval 2007, com exceção da Figura 2.1.

CAPÍTULO 2 RECONHECIMENTO E RESOLUÇÃO DE METONÍMIAS

Reconhecer e resolver a metonímia é a principal tarefa do nosso projeto. Para reconhecer um conceito implícito, temos de procurar a palavra metonímica e depois extrair a relação metonímica. Este reconhecimento e classificação é feito principalmente com a ajuda de ferramentas de processamento da linguagem natural e de métodos de desambiguação do sentido das palavras. Nesta secção, é definido o princípio do reconhecimento de metonímias e são também definidos os tipos de metonímia que nos interessam neste projeto.

Definição de

O reconhecimento de metonímias faz parte da tarefa de processamento da linguagem figurada. A metonímia é uma figura de estilo em que o nome de uma coisa é utilizado para outra com a qual está logicamente relacionado (ver Figura 2.1).

Existem duas dificuldades principais no reconhecimento da metonímia. Em primeiro lugar, é difícil reconhecer se uma palavra é metonímica. Em segundo lugar, é ainda mais difícil reconhecer a relação metonímica. São utilizadas diferentes abordagens para reconhecer a metonímia.

Um passo importante foi dado por Markert e Nissim (2007). Consistiu na resolução de metonímias para países e empresas. Um grande corpus com nomes de países e empresas é anotado especificamente para a tarefa de resolução de metonímias. No entanto, estes corpora são anotados manualmente, o que é considerado muito moroso, uma vez que a anotação humana é muito fastidiosa.

Lapata (2003) e Shutova (2009) propuseram um modelo probabilístico para lidar com a metonímia. Lapata aborda o problema com um método não supervisionado.

Markert e Nissim (2002) consideram o problema como uma tarefa de classificação caracterizada pela coocorrência de leituras metonímicas nos dados de treino para formar uma classificação para o local.

Figura 2.1: Metonímia de Shakespeare para uma obra de arte de Shakespeare.

- Nomes de países.

Amghar et al. (1995) utilizam gráficos conceptuais para o tratamento de Violações de Restrições Selectivas (VRS). As VSRs consistem numa restrição semântica que obriga um predicado a controlar a categorização semântica dos seus argumentos.

Nissim e Markert (2005) propõem um método de classificação supervisionada para nomes de organizações, que consiste em treinar o algoritmo com um conjunto de instâncias-chave de diferentes palavras metonímicas de uma classe semântica e, em seguida, trabalhar com novas instâncias de teste para metonímia da mesma classe semântica.

Uma análise das metonímias no discurso é proposta por Markert e Hahn (2002). Um algoritmo de aprendizagem é apresentado por Birke e Sarkar (2007). Bogdanova (2010) e Nastase et al. (2012) propõem uma abordagem para a discriminação de sentidos baseada em clusters e a utilização de SRV.

Outra abordagem é a utilização de vectores de caraterísticas. Cada amostra é expressa como um vetor de caraterísticas. É possível prever a metonímia utilizando classificadores Naive Bayes para a aprendizagem automática (Russell e Norvig, 1995). Estes vectores de caraterísticas são formados por anotadores humanos através da seleção de caraterísticas informativas e caraterísticas. Trata-se de um modelo probabilístico classificado que representa as caraterísticas atribuídas.

É possível aplicar algoritmos e caraterísticas de classificação WSD para resolver metonímias com classificadores semânticos. As listas de decisão podem ser formadas com rácios de verosimilhança. As colocações, as co-ocorrências e as funções gramaticais são tidas em conta na formação destas listas. As nossas regras podem ser vistas como a aplicação de classificadores semânticos às frases que contêm a nossa possível entidade metonímica nomeada.

A nossa motivação para trabalhar com entidades nomeadas e ficheiros lexicográficos é evitar o trabalho humano massivo. Com o nosso método, apenas necessitamos de um corpus e de uma base de dados lexical. As metonímias podem ser divididas em duas categorias:

- Metonímia convencional: Definimos metonímia convencional como uma metonímia que é reconhecida por um grande número de pessoas. É descrita por nomes próprios populares, números, expressões ou outras entidades nomeadas. No nosso trabalho, estamos interessados em metonímias com nomes próprios, como nomes de países, nomes de empresas, etc.

- Metonímia não convencional : Definimos metonímia não convencional como uma metonímia

que podem ser reconhecidas por um grupo de pessoas, um grupo ou numa situação contextual. (No contexto do nosso trabalho, não estamos interessados em extrair tais metonímias, uma vez que temos outras tarefas importantes no processamento da linguagem natural.

A metonímia baseia-se numa associação lógica, ou seja, estabelece uma relação entre o predicado e o argumento. Esta associação lógica pode ser representada sob a forma de diferentes relações. Para o objetivo do nosso trabalho, o reconhecimento de palavras metonímicas e das suas relações, concentramo-nos apenas em 7 das 9 relações consideradas na Tarefa 8 do SemEval 2007:

— Place-for-people: nomes de lugares associados a pessoas ou membros

— Place-for-event : Nomes de locais associados ao evento

— Local por produto: nomes de locais em vez dos produtos fabricados nesse local

— Organização para membros: nomes de organizações associadas a pessoas ou membros

— Organização do evento: nomes de organizações associadas a eventos

— Organização por produto: nomes de organizações em vez de produtos fabricados neste local

—

— Organisation-for-institution : Nomes de organizações associadas à instituição

— Organisation-for-index : Nomes de organizações associadas ao índice

— Outras metonímias: Metonímias que não se enquadram em nenhuma das relações

anteriores

É possível definir muitas outras relações metonímicas, por exemplo, artista para obra de arte,

etc., mas o nosso conjunto de dados está limitado a entidades nomeadas do tipo LOCAL e

ORGANIZAÇÃO e a estas relações metonímicas. Nas subsecções seguintes, cada relação

metonímica é descrita em pormenor, utilizando um exemplo extraído do conjunto de dados

da Tarefa 8 do SemEval 2007.

1.1.1 Espaço para pessoas

As relações de metonímia de lugar por pessoa ocorrem com entidades nomeadas do tipo
LOCAÇÃO. Nestas relações, a ideia oculta é uma ou um grupo de pessoas associadas ao
nome do lugar (ver Figura 2.2).

Figure 2.2: *Grã-Bretanha* para o governo britânico, uma metonímia de lugar para pessoas.

Figure 2.3: *Itália* para o Campeonato do Mundo de Futebol que se realiza em Itália,
metonímia de lugar para evento.

2.2.2 Local do evento

A relação de metonímia lugar-por-evento ocorre quando um evento é expresso pelo nome do seu lugar (ver Figura 2.3). Esta relação ocorre com entidades nomeadas do tipo LOCAÇÃO.

2.2.3 Lugar para o produto

A relação de metonímia lugar-para-produto existe quando um nome de lugar é utilizado em vez de um produto aí fabricado (ver Figura 2.4).

2.2.4 Organização para os membros

Tal como acontece com a relação lugar-para-pessoas, a relação metonímica organização-para-membros é encontrada quando o(s) membro(s) desta organização é o conceito implícito em entidades nomeadas do tipo ORGANIZAÇÃO (ver Figura 2.5).

2.2.5 Organização do evento

A organização por evento ocorre quando um evento é implicado por uma organização à qual pertence (ver Figura 2.6). Este tipo de metonímia é adequado para ORGANIZAÇÃO

In this form the Art Fair reached a more numerous and a
far wider public; and it is hoped that the Tabernacle will
provide a permanent home for this venture, which does so
much to help young artists of promise in the difficult
years after leaving Art College until they make their
name. On Monday 18th June sixty people met in Painters'
Hall in the City to take part in a "tutored wine tasting"
of sparkling wines, under the most knowledgeable guidance
of Pamela Vandyke Price, author and wine journalist of
fabulous expertise, whose distinctions include having been
the first woman admitted on equal terms into the male-
dominated world of wine. Pamela had chosen six reasonably
priced sparkling wines; a cosmopolitan collection, ranging
from France via Portugal to <u>Australia</u>. While we slipped
and spat with deep concentration, Pamela gave a running
commentary on the wine in question, combining information
about its history and manufacture with many practical and
amusing tips about wine management.

Figure 2.4: *Austrália* para vinhos espumantes, metonímia de lugar para produto.

Figure 2.5: *DuPont Pixel Inc.* para a sua administração, a organização para os membros e a

SunSoft announced a VAR program designed to educate
resellers on selling 32-bit computing. It includes
training and education, sales and lead generation;
marketing and merchandising support. SunSoft Inc. claims
Solaris-on-Intel is being evaluated by Amoco (10,000
units), AT&T Universal Card, <u>DuPont Pixel Inc.</u>, Foxboro,
Philip Morris, Superior National Insurance and 3M.

One reason for this reluctance to take action against the
process of monopolization is the difficulty of
distinguishing acceptable and unacceptable behaviour. As
we saw in the previous section, there is an understandable
reluctance to move against firms that have competed
successfully and won market share. The case history of US
antitrust _Alcoa_, United Shoe, AT& T, and IBM) in the post-
war period is a witness to the difficulties that
competition authorities face in this area. In both Alcoa
and United Shoe the courts acknowledged that the
defendants had built their market shares by legal means,
but none the less found them guilty because their
respective dominant positions were due to conscious
choice.

Figure 2.6: _Alcoa_ pela sua lei antitrust dos EUA, metonímia de organização para evento.

Ian Miller, 34, was swamped by the problems of small
businesses, an inquest heard. The strain finally became
too much for the father-of-three who worked in John
Major's Huntingdon constituency in Cambridgeshire. He
drove his _Volvo_ to a beauty spot last month, drank most
of a bottle of whisky and gassed himself with fumes from
the car's exhaust. "There is bit of an anti-bank campaign
going on and it worried Ian," his manager Jean Temple told
the inquest.

Figure 2.7: _Volvo_ para um automóvel da marca, metonímia de organização para produto.
entidades nomeadas tipificadas. Esta relação metonímica não é tida em conta no presente
documento, uma vez que só raramente ocorre.

1.1.6 Organização para o produto

Este tipo de relação metonímica existe quando um produto de uma organização é
representado pelo nome dessa organização (ver Figura 2.7). Também pode ser utilizado
para entidades nomeadas do tipo ORGANIZAÇÃO.

1.1.7 Organização-por-instituição

Se o nome de uma organização for utilizado em vez da sua instituição, trata-se de uma
relação metonímica entre organização e instituição (ver Figura 2.8). Está adequadamente
tipificada para ORGANIZAÇÃO

The driver saw two men attacking a middle-aged woman
outside a bank cash machine, but instead of stopping to
help her, carried on driving, detectives believe. And
yesterday they issued a direct appeal to the person to
come forward with information so the thugs can be caught
before they strike again. The victim, aged 44, is still
recovering from her ordeal which happened outside _Barclays
Bank_ in Kingsway, Dovercourt, on February 22. She was
grabbed and thrown against a wall by two teenagers who
snatched the "substantial" amount of cash she had just
withdrawn.

Figure 2.8: *Barclays Bank* para as suas instalações, metonímia de organização para instalação.

Page 30 NY cellular telephones: McCaw Cellular has bought
the half stake owned in the New York cellular telephone
franchise by Metromedia. Page 31 Accounting mergers:
Deloitte Haskins and Sells has pulled out of its merger
with Touche Ross and is expected to join up with Coopers
& Lybrand. This page and View from City Road, page 31
Mitsubishi listing: Mitsubishi has became the first
Japanese general trading company to be listed on the
London Stock Exchange. Dealings in its shares begin today.

Figure 2.9: *Mitsubishi* para a página 31, organização para o índice-metonímia.

2.2.8 Organização para o índice

Este tipo de relação metonímica existe quando um índice de uma organização é representado pelo nome dessa organização (ver Figura 2.9). Também é possível para entidades nomeadas do tipo ORGANIZAÇÃO. Não nos concentrámos nesta relação metonímica neste documento.

2.2.9 Othermet

Se não encontrarmos nenhuma das relações descritas acima, consideramos que a relação não está preenchida, ou seja, não somos capazes de descrever a relação (ver Figura 2.10).

In Cato "1976" 1 WLR 110 gross negligence and recklessness were used synonymously. Even after Seymour gross negligence and recklessness are used interchangeably. In Sargent "1990" The Guardian, 3 July, Boreham J at Leeds Crown Court is reported as saying: "You were so negligent as to be reckless as to this woman's welfare" by pumping so much oxygen into her during an operation that she swelled up like a Michelin man. Note the reference to "welfare", a low test which is below that required for reckless manslaughter.

Figure 2.10: *Michelin* para a sua mascote publicitária, outra metonímia.

CAPÍTULO 3 METODOLOGIA

Nesta secção, descrevemos as ferramentas e bibliotecas que utilizamos para atingir o nosso principal objetivo e método. Em geral, utilizamos 1 conjunto de ferramentas, 1 thesaurus e 1 algoritmo WSD. O nosso algoritmo é descrito em pormenor na secção 3.3. As entidades nomeadas são geralmente utilizadas metonimicamente. Numa pequena experiência (Markert e Hahn, 2002) realizada com o BNC (Leech, 1992), verificou-se que 50% das entidades nomeadas são utilizadas metonimicamente. Especialmente na linguagem quotidiana e nos títulos e artigos de revistas, é possível que as entidades nomeadas sejam usadas metonimicamente. A frequência do uso metonímico de entidades nomeadas motivou-nos a trabalhar com NER para a resolução de metonímias.

3.1 Estrutura geral

Neste estudo, o nosso principal objetivo é definir e avaliar um algoritmo que determine se uma dada palavra num texto é metonímica e, em caso afirmativo, produza a relação metonímica correspondente. Para facilitar este processo, dividimos o algoritmo em subtarefas mais pequenas. O primeiro passo é o pré-processamento do texto dado. De seguida, o texto processado é analisado utilizando várias funções de regras. Finalmente, os resultados das funções de regras são agregados utilizando uma função de decisão (ver Figura 3.1). A etapa de pré-processamento consiste em dividir o texto em frases e depois em tokens, utilizando um tokenizador. Cada token é então etiquetado com uma etiqueta de parte do discurso (POS), uma etiqueta NER e uma etiqueta de dependência. Esta entrada processada é então encaminhada para várias funções de regras. Cada função de regra utiliza um algoritmo diferente no texto dado para determinar as relações metonímicas (se existirem) para a palavra dada. As funções de regras têm acesso à base de dados WordNet. Os resultados de todas as funções de regras são resumidos por um algoritmo de agregação.

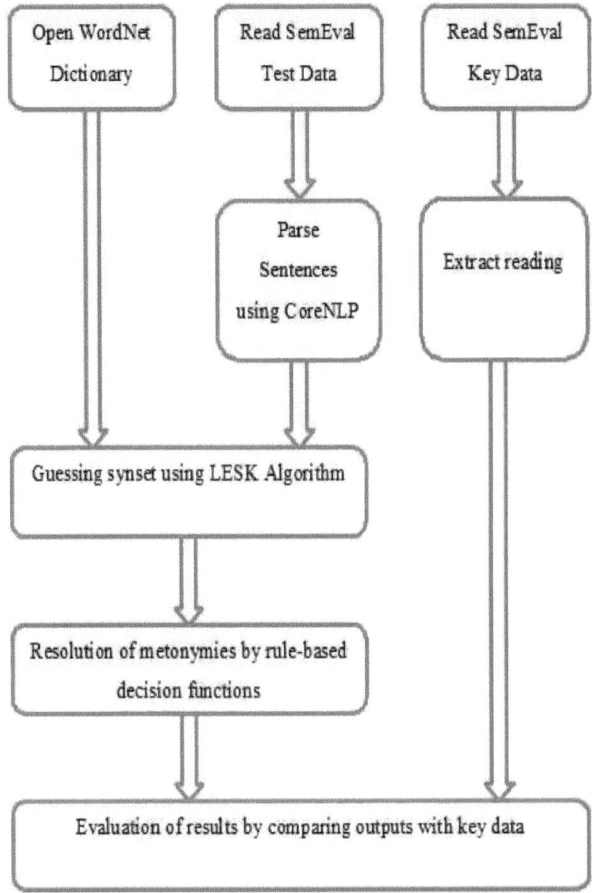

Figura 3.1: Fluxograma geral do NEBMR

3.2 Dependências

A nossa estrutura geral depende de algumas bibliotecas importantes de terceiros e de ferramentas existentes. Nas subsecções seguintes, descrevemos estas dependências e os seus casos de utilização por ordem de importância.

3.2.1 WordNet

A WordNet é uma base de dados lexical criada por George A. Miller, Richard Beckwith, Christiane Fellbaum, Derek Gross e Katherine Miller. A caraterística mais distintiva da WordNet é a existência de synsets. Os synsets são grupos de sinónimos que são utilizados para caraterizar um termo na WordNet. As palavras são categorizadas na WordNet em categorias lexicais, como verbos, substantivos, adjectivos e advérbios. Cada categoria lexical é combinada com relações semânticas, conhecidas como semântica lexical, para formar synsets (exemplo: noun.artefact, verb.possession, etc.). Existem outras relações semânticas e ontológicas entre as palavras, tais como hipernímia-homonímia, merinímia, troponímia, etc. No conceito do nosso trabalho, utilizamos a WordNet para as suas categorias sintácticas e semântica lexical. A implementação do algoritmo Lesk também utiliza a WordNet.

3.2.2 Desambiguação do sentido das palavras e algoritmo de Lesk

A desambiguação do sentido das palavras (WSD) é uma das tarefas mais importantes no processamento da linguagem natural. Uma palavra é polissémica se tiver vários significados. A desambiguação do sentido da palavra consiste em descobrir qual o sentido desta palavra polissémica que é utilizado numa determinada frase. Muitas vezes, é fácil para as pessoas descobrirem o significado de uma determinada palavra. Mas, nalguns casos, duas pessoas diferentes podem escolher dois significados diferentes para uma determinada palavra na mesma frase. Existem duas abordagens principais para a desambiguação do sentido das palavras: abordagens profundas e abordagens superficiais. As abordagens profundas pressupõem uma compreensão completa do contexto, enquanto as abordagens superficiais não tentam compreender o contexto. As abordagens convencionais são as seguintes:

— Métodos baseados em dicionários: utilização de dicionários, bases de dados lexicais; algoritmo de Lesk
— Métodos supervisionados: Utilização de um corpus de treino anotado
— Métodos semi-supervisionados: utilizam principalmente um pequeno corpus anotado e conhecimento lexical
— Métodos não supervisionados: Utilização do corpus em bruto (não anotado)
— Outras abordagens: Existem várias abordagens, como a desambiguação baseada no domínio, a WSD com provas interlinguísticas, etc.

O algoritmo de Lesk é um algoritmo baseado num dicionário que identifica o significado de uma palavra polissémica numa dada frase (Lesk, 1986). Essencialmente, os significados da palavra polissémica e das suas vizinhas são consultados num glossário e depois comparados. O significado mais próximo é selecionado para a palavra polissémica. No nosso trabalho, concentramo-nos nos verbos, substantivos e adjectivos para reconhecer uma metonímia (ver secção 3.3). Se estas palavras tiverem mais do que um significado numa dada frase, é importante encontrar o significado atualmente utilizado para atingir o nosso objetivo. Para este efeito, utilizamos uma adaptação do algoritmo Lesk para a WordNet (Banerjee e Pedersen, 2002), (Ekedahl e Golub, 2004) depois de encontrar as dependências.

3.2.3 Stanford CoreNLP

O Stanford CoreNLP é um conjunto de ferramentas baseado na JVM para linguagem natural. É composto por vários anotadores para diferentes línguas. Neste trabalho, integrámos anotadores para tokenização, divisão de frases, lematização, partes do discurso, reconhecimento de entidades nomeadas e análise de dependências. O analisador de dependências analisa a estrutura gramatical de uma dada frase. Mostra as relações gramaticais entre as palavras. O analisador de dependências é um dos anotadores mais importantes para os nossos algoritmos de regras. O segundo anotador importante é o anotador de reconhecimento de entidades nomeadas (Named Entity Recognition

Annotator). O analisador de reconhecimento de entidades nomeadas do Stanford CoreNLP reconhece entidades nomeadas, numéricas e temporais. Estas entidades são PERSON, LOCATION, ORGANISATION e MISC para entidades nomeadas e MONEY, NUMBER, ORDINAL e PERCENT para entidades numéricas e, finalmente, DATE, TIME, DURATION e SET para entidades temporais.

3.3 Algoritmo

O algoritmo que contém as nossas funções de regras é implementado em Java, tal como o CoreNLP de Stanford. Chama-se NEBMR, do inglês Named Entity Based Metonymy Recognition (reconhecimento de metonímia baseado em entidades nomeadas). O SemEval (2007, tarefa 8) é o corpora utilizado para o algoritmo, que está no formato

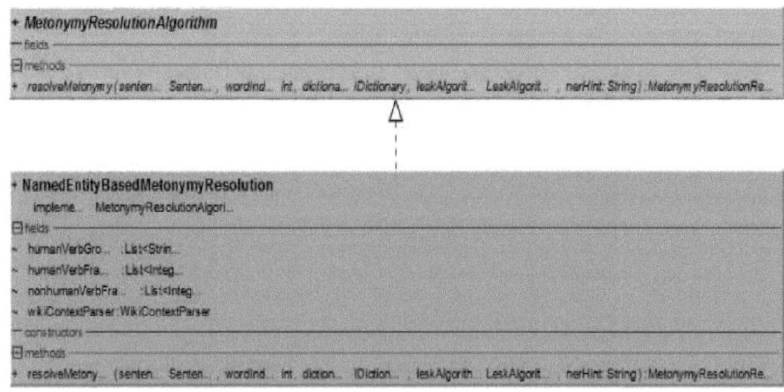

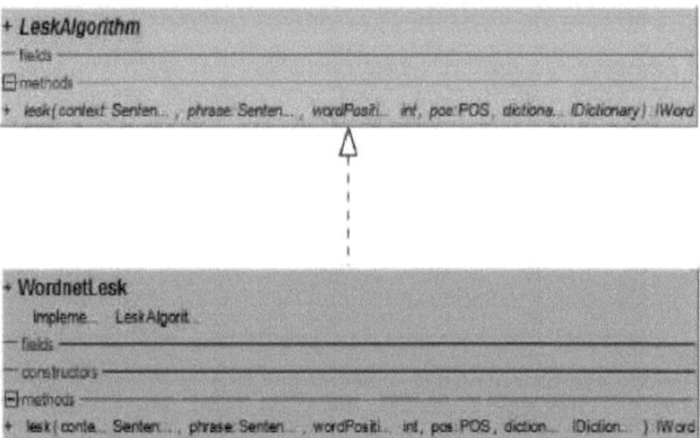

Figura 3.2: Diagrama de classes da NEBMR

XML. Utilizamos o WordNet como tesauro e o algoritmo Lesk para o WSD. Temos quatro classes principais, `MetonymyResolutionAlgorithm`, `NamedBasedMetonymyResolution`, `LeskAlgorithm` e `WordnetLesk` (ver Figura 3.2).

3.3.1 Pré-processamento

A classe de frases do CoreNLP de Stanford tokeniza automaticamente a cadeia de entrada. De seguida, são especificadas para cada token as informações postag, nertag, dependency tag e dependent token.

3.3.2   Funções de controlo

Todas as funções de regras aceitam uma lista ordenada de frases tokenizadas e marcadas com POS, nertagged e dependency-tagged, bem como um índice para a palavra em questão. O resultado pode ser *literal*, *metonímico*, *misto* ou não aplicável. Se o resultado for

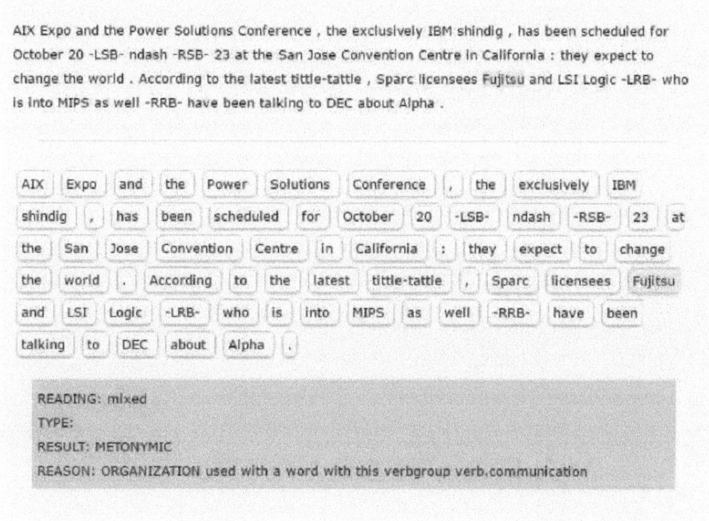

Figure 3.3: Texto editado com o resultado

não for aplicável, é processada a regra seguinte (ver Figura 3.3, Figura 3.4 e Figura 3.5). As nossas funções de regra baseiam-se na entidade nomeada -PM e nos ficheiros lexicográficos dos verbos ou substantivos dependentes. Esta informação é fornecida pela biblioteca WordNet. No entanto, no caso de verbos ou substantivos polissémicos, temos de identificar primeiro o sintagma com o algoritmo de Lesk antes de aplicar as regras (secção 3.2.2). Para reconhecer a metonímia, utilizamos principalmente grupos de verbos ou de substantivos. Nas Secções 3.3.1.1 e 3.3.2.2 descrevemos os reconhecedores relacionados com verbos e nas Secções 3.3.2.3 e 3.3.2.4 apresentamos os reconhecedores relacionados com substantivos.

Nestes casos, a distinção mais importante reside nos verbos. Quando entidades nomeadas são agentes numa frase, verificamos o grupo verbal do verbo cujo sujeito é a entidade. Como já foi referido, é perfeitamente possível que uma palavra tenha vários significados. O mesmo se aplica aos verbos. Para determinar o grupo de verbos, precisamos de identificar o significado desse verbo na frase. Algumas acções só podem ter significado para pessoas, animais ou objectos, enquanto outras são apropriadas para lugares ou organizações. O significado do verbo cujo sujeito é a entidade nomeada pertence aos verbos cognitivos ou comunicativos no contexto dado.

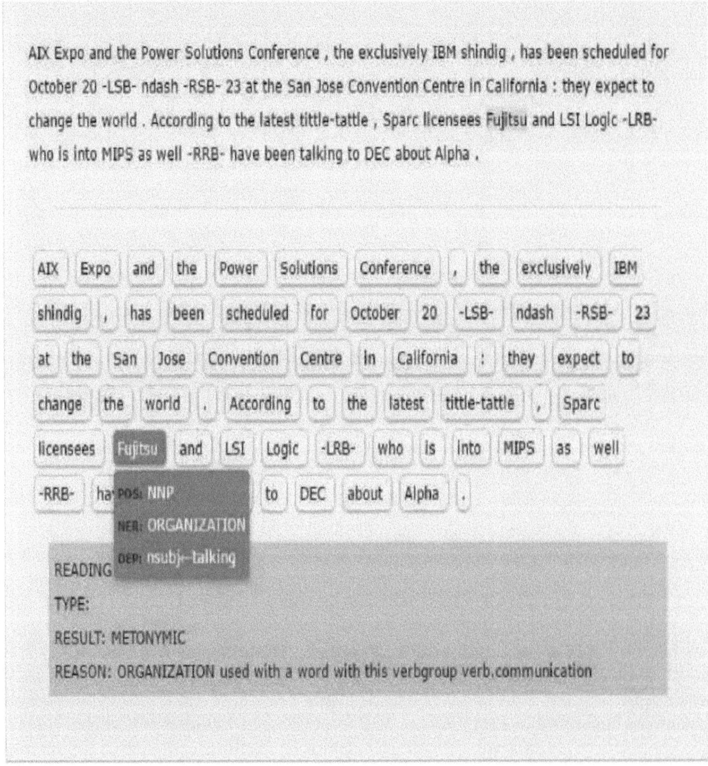

Figure 3.4:   *Fujitsu*, PM, é o objeto do verbo *falar*, que é um verbo de comunicação. Por esta razão, a NEBMR decide que *Fujitsu* é usado metonimicamente nesta frase.

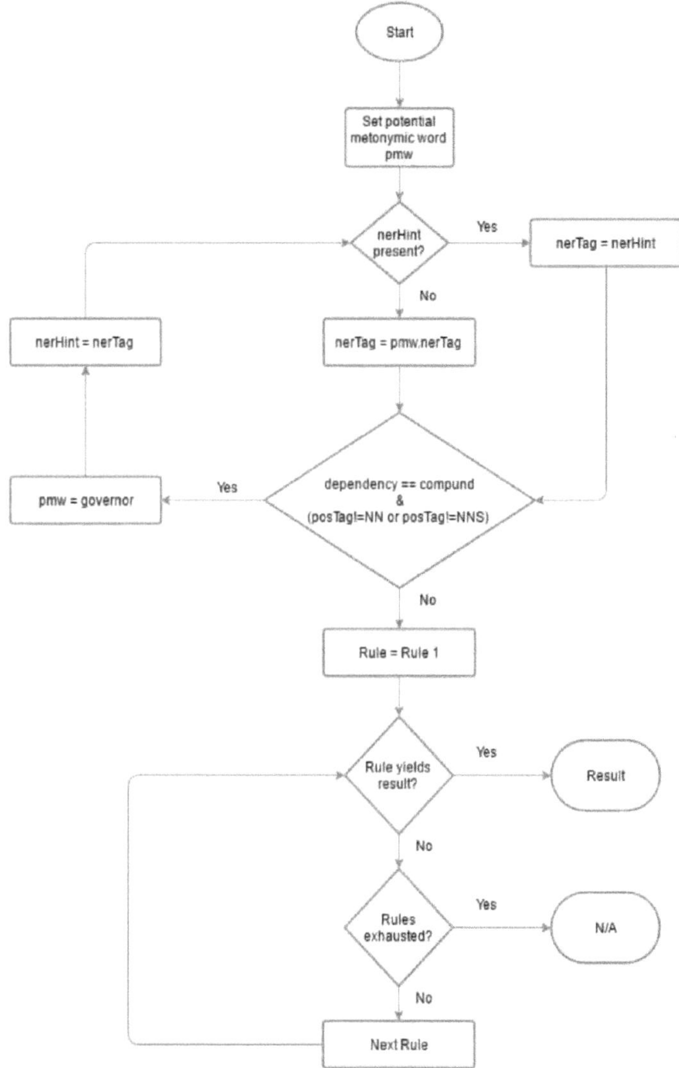

Figura 3.5: A função de decisão baseada em regras do NEBMR
é possível dizer que a PM é metonímica.

Entidades nomeadas como predicados ou agentes passivos

Nestes casos, os verbos são também o nosso principal ponto de referência. Se algumas acções entre pessoas são possíveis, algumas podem também tomar objectos como predicados. Normalmente, muito poucos grupos de verbos são adequados para lugares e organizações. Tomamos as nossas decisões exclusivamente com base nos grupos de verbos, tal como descrito na secção anterior. Mais uma vez, precisamos de identificar o sintagma do verbo para saber qual o grupo de verbos adequado.

1.1.1.2   Entidades nomeadas com dependências compostas

Nalguns casos, as entidades nomeadas não são nem agentes nem predicados, por exemplo, quando são compostos. Quando é esse o caso, rastreamos a dependência dos compostos até encontrarmos um substantivo comum. Uma organização pode ter um membro ou um empregado, tal como um local pode ter um endereço. Para determinar se PM é metonímico ou não, temos de analisar os sintagmas nominais deste substantivo. Mais uma vez, começamos por determinar o sintagma do substantivo e depois decidimos. Tal como acontece com os verbos, alguns substantivos são exclusivos de seres humanos ou animais, como braço, perna ou sentimentos. Neste caso, decidimos que PM é metonímico.

3.3.3   Realização

Implementámos o nosso algoritmo NEBMR juntamente com algoritmos, ferramentas e thesaurus existentes. O Stanford CoreNLP é o conjunto de ferramentas que utilizamos para a divisão de frases, NER, tokenização e lematização. O algoritmo Lesk e o WordNet são combinados para definir o contexto semântico da palavra de dependência PM. Toda a informação fornecida pela base de dados existente é agregada no NEBMR para reconhecer e resolver metonímias (ver Figura 3.3.3 1).

3.3.3.1   Etiquetas de dependência

Uma vez que utilizamos o Stanford CoreNLP POS tagger, as nossas dependências estão em conformidade com a norma Stanford CoreNLP (De Marneffe e Manning, 2008) (ver Tabela 3.1). Esta norma

'é também conhecido como Dependências Universais . A motivação para criar dependências universais é facilitar aos investigadores a análise de conteúdos multilingues e interlinguísticos.

Table 3.1:   Algumas dependências universais utilizadas no NEBMR

Dependency	Definition
nsubj	Nominal subject
nsubjpass	Passive nominal subject
dobj	Direct object
iobj	Indirect object
amod	Adjectival modifier
nmod	Nominal modifier
compound	Compound
conj	Conjunct

3.3.3.2   Grupos de verbos

Os ficheiros lexicográficos da WordNet são classificados de acordo com os significados dos synets, especialmente para verbos e substantivos. Apenas um grupo de verbos pode ser atribuído a um synset de verbos. Selecionámos alguns dos grupos de verbos pelas razões já explicadas na subsecção anterior (ver Quadro 3.2).

I http ://universaldependencies.org/language-en

Human Agent Verb Groups	Human Predicate Verb Groups	Copular Agent Verb Groups
verb.communication	verb.body	verb.stative
verb.cognition	verb.communication	(be, become, get,
verb.emotion	verb.possession	remain, seem, etc.)
verb.social	verb.social	
verb.possession	verb.weather	
verb.consumption	verb.competition	
verb.competition	verb.consumption	
verb.creation	verb.contact	
verb.body	verb.creation	
verb.perception	verb.motion	
verb.motion		

Table 3.2: Grupos de verbos do WordNet incluídos no NEBMR

3.3.3.3 Grupos de substantivos

Tal como os verbos, os substantivos também têm grupos aos quais pertencem de acordo com os seus sinetes. Selecionámos alguns destes grupos de substantivos para o nosso trabalho (ver Quadro 3.3).

Table 3.3: Grupos de substantivos do WordNet incluídos no NEBMR

Human Related Noun Groups	Mixed Noun Groups
noun.act	noun.Tops
noun.body	noun.artifact
noun.cognition	noun.attribute
noun.communication	noun.event
noun.feeling	noun.group
noun.motive	noun.process
noun.object	noun.phenomenon
noun.possession	

3.3.4 Avaliação

A nossa avaliação depende de duas tarefas, a delimitação e o tipo, que correspondem respetivamente ao reconhecimento e à resolução de metonímias.

Definimos 4 condições para o reconhecimento das metonímias: verdadeiro positivo, falso positivo, verdadeiro negativo e falso negativo (ver Quadro 3.4, Quadro 3.5). Dividimos a avaliação em duas partes. Numa das avaliações, considerámos também leituras mistas. Os verdadeiros positivos são os casos em que o nosso resultado é metonímico ou misto e a leitura é metonímica ou mista. Um verdadeiro negativo é quando o resultado é literal ou misto e a leitura é literal ou mista. É um falso positivo se o resultado for metonímico mas a leitura for literal. E, finalmente, é um falso negativo se o resultado for literal mas a leitura for metonímica.

Table 3.4:   Condições esperadas, incluindo leituras e resultados mistos

Predicted Condition	Annotation	Result
True Positive	Metonymic, Mixed	Metonymic, Mixed
True Negative	Literal, Mixed	Literal, Mixed
False Positive	Literal	Metonymic
False Negative	Metonymic	Literal

Table 3.5:   Condições previstas sem valores medidos mistos

Predicted Condition	Annotation	Result
True Positive	Metonymic	Metonymic
True Negative	Literal	Literal
False Positive	Literal, Mixed	Metonymic
False Negative	Metonymic, Mixed	Literal

A typical *CSC* workstation consists of a computer with a microphone and video camera. This year, BT and IBM plan to market a # 3,000 video phone card which fits into a PC. *Olivetti* also plans to launch its Personal Communications Computer. This will enable users to conduct live video conversations, send faxes and use a multimedia electronic mail service -LRB- with sound, pictures and text -RRB- , and write messages or draw diagrams on an electronic white board.

Figura 3.6: Leitura *Olivetti* mista nos dados-chave, mas o resultado NEBMR é metonímico devido ao *plano* de comunicação do verbo

Optámos por incluir os resultados e as leituras mistas como casos positivos porque, mesmo para os humanos, os casos mistos nem sempre são inequívocos. Assim, alguns casos mistos podem ser considerados como metonímias (ver Figura 3.6) e algumas leituras literais por outros anotadores humanos. As leituras dos dados-chave correspondem a anotadores humanos, que (em alguns casos) podem ser considerados subjectivos, pelo que considerámos interessante analisar o algoritmo também para estas leituras.Numa avaliação posterior, decidimos excluir as leituras mistas devido à incerteza dos nossos dados-chave. Se a leitura para o reconhecimento da metonímia é incerta, pareceu-nos fazer mais sentido, numa avaliação posterior e mais precisa, excluir estas leituras ambíguas. Definimos duas condições para a resolução da metonímia: TPC para verdadeiro positivo e TPI para falso positivo. Na resolução de metonímias, consideramos apenas os casos positivos verdadeiros de reconhecimento de metonímias. TPC significa que resolvemos corretamente a relação metonímica, tal como especificado nos nossos dados principais, e TPI significa que a resolução da metonímia é falsa. Uma resolução de metonímia completa não tem conceitos implícitos para a resolução de metonímia.

CAPÍTULO 4 CORPUS

Um dos aspectos mais difíceis da PNL é a necessidade de um corpus com anotação humana. A anotação manual de dados não estruturados consome muito tempo. Para além disso, a linguística tem de colaborar com os cientistas informáticos nestas anotações.
SemEval (Avaliação Semântica) é uma série em curso para a análise semântica automatizada. O SemEval é derivado do Senseval (Edmonds, 2002). O Senseval é um corpus que foi criado para o WSD.
O SemEval tem tarefas de avaliação semântica. No nosso trabalho, usamos a tarefa 8 do SemEval 2007, uma tarefa anotada para a resolução de metonímias. Esta tarefa é uma amostra lexical organizada para o inglês com duas classes semânticas particulares: Países (ver Tabela 4.1) e Empresas (ver Tabela 4.2). Existem 3000 nomes de países e 1000 nomes de empresas no conjunto de dados existente. Foi anotado um total de 4000 registos em formato XML. O conteúdo é fornecido pelo British National Corpus Version 1.0 (BNC). Para cada metonímia potencial, são formadas 4 frases (2 frases antes e 1 frase depois da frase que contém a MP).

Quadro 4.1: Números de anotações de testes e de dados-chave por leituras para os países, LOCALIZAÇÃO
Tipo de autorização nominativa

Reading	Test Data
Literal	721
Mixed	20
Othermet	11
Obj-for-name	4
Obj-for-representation	0
Place-for-people	141
Place-for-event	10
Place-for-product	1
Total	908

Quadro 4.2: Número de comentários sobre testes e dados-chave por valores medidos para empresas, ORGA

Reading	Test Data
Literal	520
Mixed	60
Othermet	8
Obj-for-name	6
Obj-for-representation	0
Org-for-members	161
Org-for-event	1
Org-for-product	67
Org-for-facility	16
Org-for-index	3
Total	842

Os dados principais estão divididos em 2 grupos: Dados-chave para países e dados-chave para empresas. Há três resultados possíveis para as frases anotadas acima mencionadas: metonímico (ver Figura 4.1), literal (ver Figura 4.2) e misto (ver Figura 4.3). Se o resultado for metonímico, as relações metonímicas também são incluídas nas anotações.

```
<sample id="samp3826">
<bnc:title> Unigram x </bnc:title>
<par>
There's a theory being nurtured in certain quarters that
Microsoft Corp Windows NT is less a strategic product than
it is a dike against Unix and that <annot><org
reading="metonymic" metotype="organisation-for-members">
Microsoft </org></annot> is trying to freeze the
marketplace long enough to bring on Cairo, the Taligent
Inc/Sun Microsystems Inc Project Distributed Objects
Everywhere-like object-oriented environment it's working
on.
Others say no, that's impossible.
</par>
</sample>
```

Figura 4.1: Leitura metonímica com referência metonímica dos índices da empresa

```
<sample id="samp1002">
<bnc:title>     Contemporary     Britain:     A     Geographical
Perspective </bnc:title>
<par>
Kondratieff presented few data for growth from 1789 to
1814 from countries other than Britain because they had
little growth to analyse.
Parts of Belgium, Germany and France were economically
active, but real growth came with the mid-century period
of railway building.
&bquo; It seems possible to place France in the company
of    those    countries    &mdash;    <annot><location
reading="literal"> Germany </location></annot> and the US
included &mdash; which at mid century experienced a &bquo;
railway Kondratieff &equo; with emphatic growth-industry
capabilities &equo; (Trebilcock, 1981).
Having achieved modern technological growth in the period
1849 to 1873, several of these countries then consolidated
their competitive position during the &bquo; Victorian
depression &equo; of the 1880s.
</par>
</sample>
```

Figura 4.2: Reprodução integral dos principais dados relativos aos países

```
<sample id="samp1055">
<bnc:title> Keesings Contemporary Archives. April 1991
</bnc:title>
<par>
No later than six months after signature of the Treaty a
new Union constitution would be promulgated, followed by
fresh elections to the Congress of People's Deputies.
The declaration made clear that the Union Treaty need only
be signed by the nine republics which were party to the
Novoye Ogarevo meeting.
The only specified penalty for the six republics which had
not participated and were not expected to sign the Treaty
(Armenia,    Estonia,    Georgia,    Latvia,    <annot><location
reading="mixed"        notes="litpeople">        Lithuania
</location></annot> and Moldavia), was that they would
thereby be excluded from a new &quot; common economic
space &quot;.
Government anti-crisis programme
</par>
</sample>
```

Figura 4.3: Resultados mistos dos principais dados relativos aos países

4.2   Dados de ensaio

Tal como os dados principais, os dados de teste também estão divididos em 2 grupos: Países e
Empresas. A diferença entre os dados de teste e os dados principais é que os valores medidos
dos dados de teste são desconhecidos (ver Figura 4.4, Figura 4.5).

```
<sample id="samp3111">
<bnc:title> Unigram x </bnc:title>
<par>
AIX  Expo  and  the  Power  Solutions  Conference,  the
exclusively  IBM  shindig,  has  been  scheduled  for  October
20&ndash;23  at  the  San  Jose  Convention  Centre  in
California: they expect to change the world.
According  to  the  latest  tittle-tattle,  Sparc  licensees
<annot><org reading="unknown"> Fujitsu </org></annot> and
LSI Logic (who is into MIPS as well) have been talking to
DEC about Alpha.
</par>
</sample>
```

Figura 4.4: Leitura literal dos dados-chave para os países

```
<sample id="samp1005">
<bnc:title> Keesings Contemporary Archives. Feburary 1990
</bnc:title>
<par>
Inflation rate 12% (1988)
Unemployment 12% (1987 est.)
Principal  trading  partners  (1988)  Exports:  USA  (41%),  El
Salvador,  West  Germany;  Imports:  USA  (39%),  Mexico,
<annot><location          reading="unknown">          Japan
</location></annot>
New economic programme
</par>
</sample>
```

Figura 4.5: Resultados mistos dos principais dados relativos aos países

CAPÍTULO 5: ANÁLISE
5.1 Resultados

Em geral, obtivemos resultados prometedores. Os resultados da deteção e resolução de metonímias variam consoante as leituras mistas e os resultados que foram incluídos ou excluídos. Mas, mais uma vez, há limitações e outros casos a considerar.

Tal como referido na secção de avaliação, avaliámos o algoritmo de duas formas diferentes, ou seja, incluindo e excluindo os resultados mistos.

Verificámos que o número de falsos negativos no processo de demarcação é elevado. Acreditamos que a razão para este facto é a limitação e a inadequação das nossas regras.

Na avaliação do tipo, verificamos que as funções de regra, por si só, não são suficientes para resolver as relações metonímicas, mas que é necessário ter também em conta o contexto, ou seja, é necessário analisar as frases que compõem a frase em que a MP ocorre.

A Tabela 5.1, a Tabela 5.2, a Tabela 5.3, a Tabela 5.4, a Figura 5.1 e a Figura 5.2 correspondem a uma avaliação com os valores medidos mistos.

Table 5.1:   Resultados dos testes para países e empresas, incluindo medições mistas

Predicted Condition	Countries	Companies	Total
True Positive	95	168	263
True Negative	614	395	1009
False Positive	78	68	146
False Negative	102	138	240

Table 5.2:   Precisão, recuperação e exatidão para países e empresas

	Countries	Companies	Total
Precision	0.549	0.711	0.643
Recall	0.482	0.549	0.522
Accuracy	0.797	0.732	0.767

O elevado número de casos negativos verdadeiros (leituras literais) é uma desvantagem para a nossa avaliação, especialmente para a formulação de recuperação. Tabela 5.5, Tabela 5.6, Tabela 5.7, Tabela 5.8,

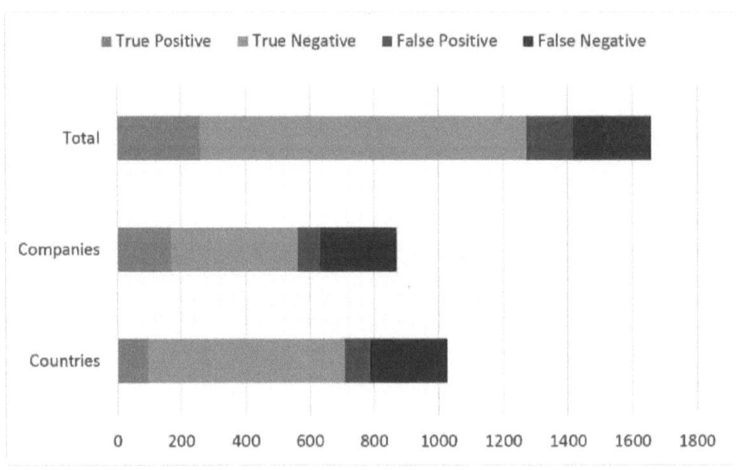

Figura 5.1: Resultados para países e empresas com medições mistas

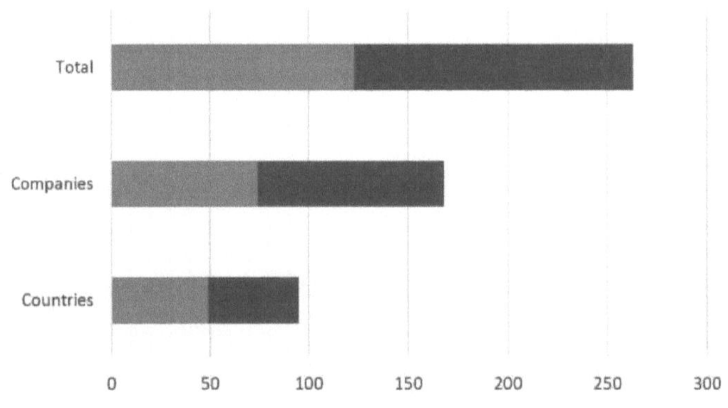

Figura 5.2: Resultados da resolução de metonímias incluindo casos mistos

Table 5.3: Resultados da resolução metonímica para países e empresas, incluindo medidas mistas

Predicted Condition	Countries	Companies	Total
True Positive Correct	49	74	123
True Positive Incorrect	46	94	140

Table 5.4: Exatidão para países e empresas, incluindo medições mistas

	Countries	Companies	Total
Accuracy	0.515	0.440	0.467

Table 5.5: Resultados dos testes para países e empresas sem valores mistos

Predicted Condition	Countries	Companies	Total
True Positive	55	94	149
True Negative	596	360	956
False Positive	111	113	224
False Negative	107	145	252

A exclusão de leituras mistas levou a uma diminuição dos valores de precisão, recordação e exatidão para o reconhecimento de metonímias, mas a exatidão para a resolução de metonímias aumentou. Isto deve-se ao facto de os resultados mistos e/ou as leituras serem contados como verdadeiros positivos; se a leitura mista for contada como um verdadeiro positivo, é impossível comparar as relações metonímicas, uma vez que não existem nos dados-chave. Por outro lado, a contabilização de resultados mistos como verdadeiros positivos ou negativos aumentou os nossos valores de precisão, recordação e exatidão no reconhecimento de metonímias, mas a contabilização de resultados mistos como erros trouxe desvantagens.

Comparámos os nossos resultados com os de outro algoritmo que utiliza o mesmo corpus que o nosso (ver Tabela 5.9). Ao comparar os resultados, verificámos que a nossa deteção de metonímia é melhor quando se incluem as leituras mistas do que quando se excluem as leituras mistas, mas a resolução de metonímia é melhor do que a do REFERENCE. Como já foi referido, o fracasso da resolução de metonímias quando se incluem leituras mistas deve-se ao facto de a relação metonímica para leituras mistas não se encontrar nos dados principais. Mais uma vez, verificamos que algumas das leituras mistas eram metonímicas porque a anotação humana é subjectiva.

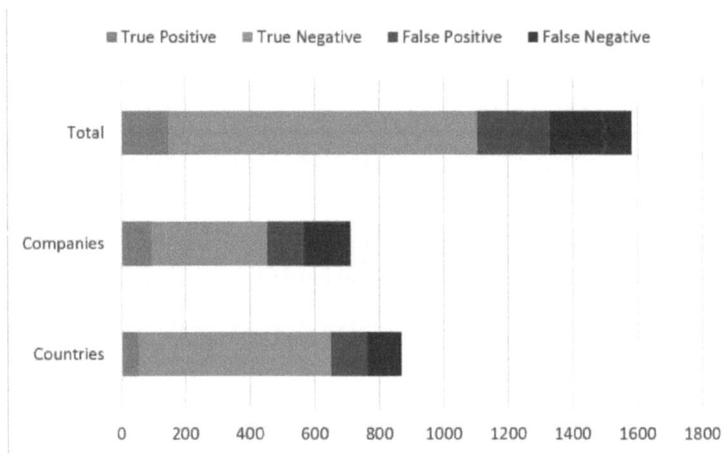

Figura 5.3: Resultados para países e empresas com medições mistas

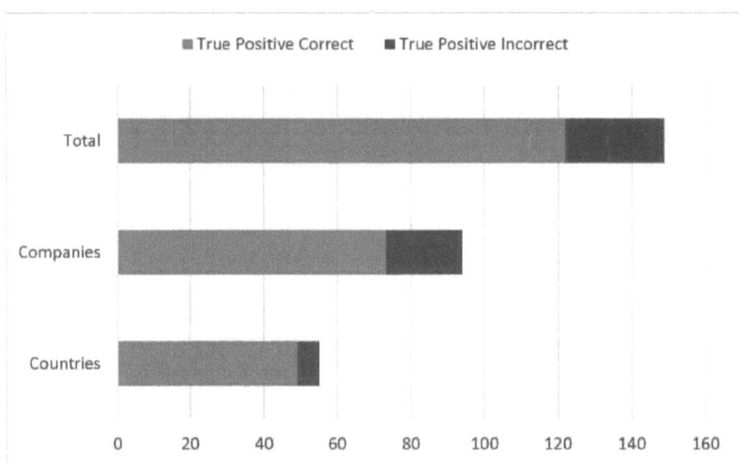

Figura 5.4: Resultados da resolução de metonímias incluindo casos mistos

Table 5.6:   Precisão, recuperação e exatidão para países e empresas

	Countries	Companies	Total
Precision	0.331	0.454	0.399
Recall	0.379	0.393	0.371
Accuracy	0.749	0.637	0.698

Table 5.7:   Resultados da resolução de metonímia para países e empresas sem valores mistos

Predicted Condition	Countries	Companies	Total
True Positive Correct	49	73	122
True Positive Incorrect	6	21	27

Table 5.8:   Exatidão para países e empresas sem valores medidos mistos

	Countries	Companies	Total
Accuracy	0.890	0.776	0.818

Table 5.9:   Resultados de exatidão comparados com REFERÊNCIA

Algorithm	Countries	Companies
NEBMR with mixed	0.515	0.440
NEBMR without mixed	0.890	0.776
Metonymy Resolution SemEval 2007	0.794	0.918

5.2 Limitações e pontos a melhorar

Verificámos que algumas frases não estão marcadas corretamente. É o caso dos títulos, das frases quebradas ou incompletas. É aconselhável prestar especial atenção a estes casos. Além disso, algumas entidades nomeadas não são reconhecidas pelo Stanford CoreNLP. É possível efetuar um tratamento especial para as entidades não reconhecidas, pelo que podemos dizer que estamos limitados ao sucesso das ferramentas.

Também recorremos a corpus e thesaurus. Os corpus são difíceis de criar, normalmente requerem um anotador humano, o que torna o processo moroso e dispendioso. O tesauro que utilizamos não inclui relações substantivo-adjetivo e categorização semântica de adjetivos e advérbios, que são cruciais para as nossas regras baseadas em SRV.

Também aqui não são tidas em conta as relações de dependência com preposições, adjectivos e advérbios. Sugerimos a criação de uma lista para as preposições para tratamento posterior e para os advérbios e adjectivos as restrições dependem do tesauro.

Outro ponto de melhoria é a re-comentação de dados-chave, especialmente no que diz respeito a leituras mistas, relações metonímicas e a adição de dados sobre conceitos implícitos para resolver mais metonímias.

CAPÍTULO 6 CONCLUSÃO

O principal objetivo deste projeto é o reconhecimento de metonímias e a identificação de relações metonímicas. Com o nosso algoritmo baseado em regras de dependência, que aplicamos diretamente às entidades nomeadas, pretendemos reduzir o enorme esforço humano para rotular vectores de caraterísticas e a inconsistência dos métodos estatísticos. Para atingir o nosso objetivo principal, adaptámos o algoritmo Lesk de adaptação da WordNet em Java, implementámos as nossas funções de regras para a deteção e resolução de metonímias e, em seguida, avaliámos o método proposto. As ferramentas NER existentes têm as suas vantagens e desvantagens. Para algumas entidades nomeadas, podem ser insuficientes. Da mesma forma, a base que utilizámos tem algumas desvantagens, como a taxa de sucesso dos algoritmos ou a insuficiência de dados semânticos. Os resultados obtidos são prometedores e mostram que ainda há muito trabalho a fazer com as entidades nomeadas. Tivemos a oportunidade de testar o nosso algoritmo em dois tipos, uma vez que os dados de teste e os dados-chave são limitados, mas propomos o mesmo método e abordagem para as entidades nomeadas PERSON. Para estudos futuros, seria aconselhável considerar outros tipos de dependências e anotar dados que contenham entidades nomeadas PERSON e testar o nosso algoritmo nestes novos dados. Além disso, limitámo-nos a reconhecer as relações metonímicas definidas no nosso conjunto de dados-chave para a resolução de metonímias. Para efetuar a resolução completa de metonímias, para além de reconhecer as relações metonímicas, também é necessário identificar o conceito oculto. Além disso, as nossas funções e padrões de regras devem ser aplicados às frases que rodeiam a frase que contém a MP. Isto também pode ser considerado como a resolução do contexto ou do discurso.

REFERÊNCIAS

Amghar, T., Gayral, F. e Levrat, B. (1995). *Sair da mesa 10 sem pagar a conta! Uma boa razão para tratar a metonímia com gráficos conceptuais*, Springer.

Banerjee, S. e Pedersen, T. (2002). An adapted lesk algorithm for word sense disambiguation using wordnet, *Computational Linguistics and Intelligent Text Processing*, Springer, pp. 136-145.

Birke, J. e Sarkar, A. (2007). Active learning for the identification of nonliteral language, *Proceedings of the Workshop on Computational Approaches to Figurative Language*, Association for Computational Linguistics, pp. 21-28.

Bogdanova, D. (2010). A framework for figurative language detection based on sense differentiation, *Proceedings of the ACL 2010 Student Research Workshop*, Association for Computational Linguistics, pp. 67-72.

De Marneffe, M.-C. e Manning, C. D. (2008). Stanford typed dependencies manual, *Relatório técnico*, Relatório técnico, Universidade de Stanford.

Edmonds, P. (2002). Senseval : The evaluation of word sense disambiguation systems, *ELRA newsletter* 7(3) : 5-14.

Ekedahl, J. e Golub, K. (2004). Word sense disambiguation using wordnet and the lesk algorithm,

Projektarbeten 2004 p. 17.

Lapata, M. (2003). Probabilistic text structuring : Experiments with sentence ordering, *Actas da*

41ª Reunião Anual da Associação para a Linguística Computacional-Volume 1, Associação

para a Linguística Computacional, pp. 545-552.

Leech, G. (1992). 100 million words of english : the british national corpus (bnc), *Language*

Research 28(1) : 1-13.

Lesk, M. (1986). Automatic sense disambiguation using machine readable dictionaries : how to

tell a pine cone from an ice cream cone, *Actas da 5ª conferência internacional anual sobre*

documentação de sistemas, ACM, pp. 24-26.

Manning, C. D., Surdeanu, M., Bauer, J., Finkel, J. R., Bethard, S. e McClosky, D. (2014). The

stanford corenlp natural language processing toolkit, *ACL (System Demonstrations)*, pp. 55-

60.

Markert, K. e Hahn, U. (2002). Understanding metonymies in discourse, *Artificial Intelligence*

135(1) : 145-198.

Markert, K. e Nissim, M. (2002). Metonymy resolution as a classification task, *Proceedings of the ACL-02 conference on Empirical methods in natural language processing-Volume 10*, Association for Computational Linguistics, pp. 204-213.

Markert, K. e Nissim, M. (2007). Semeval-2007 task 08 : Metonymy resolution at semeval-2007, *Actas do 4º Workshop Internacional sobre Avaliações Semânticas*, Associação para a Linguística Computacional, pp. 36-41.

Miller, G. A., Beckwith, R., Fellbaum, C., Gross, D. e Miller, K. J. (1990). Introduction to wordnet : An online lexical database*, *International journal of lexicography* 3(4) : 235-244.

Nastase, V., Judea, A., Markert, K. e Strube, M. (2012). Local and global context for supervised and unsupervised metonymy resolution, *Proceedings of the 2012 Joint Conference on Empirical Methods in Natural Language Processing and Computational Natural Language Learning*, Association for Computational Linguistics, pp. 183193.

Nissim, M. e Markert, K. (2005). Learning to buy a renault and talk to bmw : A supervised approach to conventional metonymy, *Proceedings of the 6th International Workshop on Computational Semantics, Tilburg*.

Roberts, K. e Harabagiu, S. M. (2011). Unsupervised learning of selectional restrictions and detection of argument coercions, *Proceedings of the Conference on Empirical Methods in Natural Language Processing*, Association for Computational Linguistics, pp. 980-990.

Russell, S. e Norvig, P. (1995). Agentes Inteligentes, *Inteligência Artificial: Uma Abordagem Moderna*, pp. 31-52.
42

Shutova, E. (2009). Sense-based interpretation of logical metonymy using a statistical method, *Proceedings of the ACL-IJCNLP 2009 Student Research Workshop*, Association for Computational Linguistics, pp. 1-9.

Wilks, Y. (1978). Tornar as preferências mais activas, *Inteligência Artificial* 11(3): 197223.

ESBOÇO BIOGRÁFICO

Educação

Mestrado em Ciências, Universidade Galatasaray, Istambul, Turquia, Engenharia Informática, 2016
Licenciatura em Ciências, Universidade de Istambul, Turquia, Engenharia Informática, 2012
Diploma de Bacharelato em Francês, Notre Dame de Sion, Istambul, Turquia, 2004

Tese de mestrado

Título : Ajuda no reconhecimento e tratamento da metonímia através do reconhecimento de entidades nomeadas
Orientadores: Prof. Dr. Tankut ACARMAN, Prof. Dr. Bernard LEVRAT

Dissertação

Título: Exploração da sintaxe Html para o reconhecimento de entidades nomeadas Supervisor: Assist. Prof. Dr. Vincent LABATUT

Experiência

2012 - hoje : Diretor-Geral, Monospect Yazilim Bili§im Hiz.Tic.Ltd., Istambul, Turquia
2009 : Estagiário, Corvus Ileti§im Guvenlik Teknolojileri Elektronik San.Tic.Ltd., Istambul, Turquia
2008 : Estagiário, Arikanli Holding, Istambul, Turquia
Línguas

Francês: falante quase nativo
Inglês : Avançado
Espanhol : Intermediário

PUBLICAÇÕES

- 16ª Conferência Internacional sobre Ciência da Computação Aplicada (ACS '16), Istambul, Turquia

Índice

Printed by Books on Demand GmbH, Norderstedt / Germany